1 MONTH OF
FREE
READING

at

www.ForgottenBooks.com

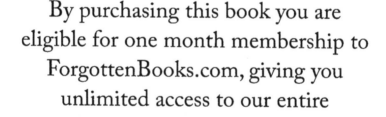

By purchasing this book you are eligible for one month membership to ForgottenBooks.com, giving you unlimited access to our entire collection of over 1,000,000 titles via our web site and mobile apps.

To claim your free month visit:

www.forgottenbooks.com/free567237

ISBN 978-0-666-25875-5
PIBN 10567237

ROBINSON CRUSOÉ

OPÉRA COMIQUE EN TROIS ACTES ET CINQ TABLEAUX

Paroles de MM. E. CORMON et Hector CRÉMIEUX

MUSIQUE DE

JACQUES OFFENBACH

Représenté pour la première fois à Paris sur le théâtre de l'Opéra-Comique, le 23 novembre 1867

PERSONNAGES

ROBINSON	(Premier ténor léger)	MM. Montaubry.
SIR WILLIAM CRUSOÉ	(Baryton ou Basse chantante) .	Crosti.
TOBY.	(Deuxième ténor)	Ponchard.
JIM-COCKS	(Trial).	Sainte-Foy.
ATKINS	(Basse)	Bernard.
VENDREDI.	(Mezzo-soprano)	Mᵐᵉ Galli-Marié.
EDWIGE	(Première chanteuse légère). .	Mˡˡᵉˢ Cico.
SUZANNE.	(Dugazon)	Girard.
DEBORAH.	(Soprano)	Révilly.

Matelots, Sauvages, etc.

La scène se passe au premier acte à Bristol, dans la maison de Sir William Crusoé; au deuxième et au troisième acte, dans l'île de Robinson, à l'embouchure de l'Orénoque, Amérique du Sud.

TABLE DES MORCEAUX

AVIS à MM. les directeurs de la province et de l'étranger.

La mise en scène **exacte** de cet ouvrage, réglée par M. E. MOCKER, directeur de la scène, est rédigée et publiée par M. L. PALIANTI, régisseur du théâtre impérial de l'Opéra-Comique. S'adresser directement à MM. *Brandus et Dufour*, éditeurs de musique, rue Richelieu, 103 ; et chez l'auteur, au théâtre impérial de l'Opéra-Comique. — Réimpressions ou traductions interdites. **Propriété pour tous pays.**

Vu les traités internationaux, les éditeurs de cette partition se réservent le droit de réimpression et de traduction à l'étranger.

IMPRIMERIE CENTRALE DES CHEMINS DE FER. — A. CHAIX ET Cⁱᵉ, RUE BERGÈRE, 20, A PARIS. — 12191

Orchestre complet.
Flûtes.
Hautb:
Clar:
Bassons.
Cors en Ut.
Cors en Fa.
Pistons.
Tromb:
Timbales.
Batterie.
Quatuor.

ROBINSON CRUSOÉ

Musique de

J. OFFENBACH.

OUVERTURE.

Allegro maestoso. ($\bullet$. =72)

PIANO.

ACTE I.

Un petit salon ouvert sur un jardin. Portes latérales. A droite, une fenêtre avec un store à moitié baissé.
Ameublement simple, des livres, des ouvrages de femmes, des fleurs dans de grands vases en terre.
Une table servie pour le repas du soir.

N.° 1.

(A) INTRODUCTION.— **(B)** AIR DE ROBINSON.— **(C)** ENSEMBLE.

(A) INTRODUCTION.

12

15

16

20

24

SUZ.

L'entendez-vous qui chante?

chante?

WILL.

Circons_lance aggra - van_te,

Circonstance aggra_

EDW.

Il faut à monsieur Ro_bin _

Il faut à monsieur Ro_bin _ son,

à Ro _ bin _

_van _ te,

Il

faut

à monsieur Ro_bin _

Più riten.

(B) AIR.

ROB. Allegretto maestoso.(♩.—69).

Voir, c'est a_voir;   allons courir!   Vie er_rante est chose en _ i _

_vran_te.   Voir,c'est a_voir;   allons courir.   Car tout voir,c'est tout conqué_

Andante. (♩—56).

_rir.

Là,   dans le port,   un super_be na_

_ra _ ges   Et la fu_reur des flots;   Ils

vont en _ fin   vers des terres nou_vel _ les   Ad _ mirer des cieux incon_

_ nus, _____   En_ten _ dre d'au _ tres voix_____ cueil_

_lir   des fleurs   plus bel _ _ les,   S'en_ri_chir   de   tré_

4

28

E. monsieur Ro_bin_ son ___ Qui nous fait la le _ çon.___ Ah!_____

S. monsieur Ro_bin_ son Qui nous fait la le _ çon. Ah!_____

D. monsieur Ro_bin _ son Qui nous fait la le _ çon. Ah!_____

R. _bli _ ez tout, plus de ser_ mon; J'ai lu dans

W. monsieur Ro_bin _ son Qui nous fait la le _ çon. C'est lui, c'est

E. lui, c'est monsieur Ro_bin _ son Qui nous fait la le _ çon.___

S. lui, c'est monsieur Ro bin son Qui nous fait la le _ çon.

D. lui, c'est monsieur Ro bin son Qui nous fait la le _ çon.

R. yeux mon par _ don, mon par_ don.

W. mon_ sieur Ro _ bin _ son Qui nous fait la le _ çon. C'es

Note. — A l'Opéra-Comique ou supprime tout ce qui est compris entre les deux signes Ø de la page 40 à la

T. c'est lui, c'est monsieur Robin _ son Qui nous fait la le _ çon.

S. _____ c'est lui, c'est monsieur Robin_son Qui nous fait la le _ çon.

D. _____ c'est lui, c'est monsieur Robin_son Qui nous fait la le _ çon.

R. lu dans vos yeux mon par _ don, Oui j'ai lu mon pardon.

W. lui, c'est mon_sieur Ro _ bin _ son Qui nous fait la le _ çon. Al _

W. _lons, Suzanne, al _ lons, l'heu _ re vient de son _ ner. N'al _ lez-vous pas en _

_fin nous fai _ re dé_jeu _ ner? Mais mon_sieur tout est _ prêt, te _

42

46

B

48

Orchestre Complet.
Cors en UT
Cors en FA

49

N.º 2.

RONDE

REP= et nous danserons le refrain.

Les yeux baissés   dé_vo _ tement,

Les yeux baissés   dé_vo _ tement,

Les yeux baissés   dé_vo _ tement,

Les yeux baissés   dé_vo _ tement,

Les yeux baissés   dé_vo _ tement,

Quat. pizz.

Haulb..

Fl.
Clar.

Cors.

grands papas   pren_nent leur pri   _   se   Et ré_forment   le par_le

Quat. pizz.

55

56

57

EDWIGE.

Autour de la table on se range. Le Wisky, le thé coule à flot.

Autour de la table on se

Autour de la table on se

Autour de la table on se

Autour de la table on se

Autour de la table on se

Le cœur bat, la fil _ let _ te pen _ _ se, Minuit sonne

_ ni

_ ni

_ ni

_ ni

_ ni

Ob.

Clar.
B^ons

et tout est fi _ ni;   la la____ la la la la la

Minuit sonne et tout est fi _ ni; la la ____ la la la la la

Minuit sonne et tout est fi _ ni; la la____ la la la la la

Minuit sonne et tout est fi _ ni;

Minuit sonne et tout est fi _ ni;

Minuit sonne et tout est _ fi _ ni;

B

6

64

Elle a - vait raison la vieille; el - le par - lait à merveil - le;

Elle a - vait raison la vieille. car chacun d'eux fut pu - ni;

Par - tez donc, ne vous dé - plai - se, Et choi - sis - sez à votre ai - se en -

Animez.

- tre Thomas, Tom et To - my, en - tre Thomas, Tom et To - my partez donc, partez

donc, ne vous en dé-plaise et choisis-sez— à votre aise; oui,choisis-

-sez à— votre ai-se entre Thomas Tom et To - my; oui, partez

donc,ne vous dé - plaise, partez donc———— par - tez!

Orchestre complet.
Clar: en Si b. Pist: en Si ?.
Cors en Sol. Cors en Fa.
Timbales.

(A) QUATUOR. (B) ROMANCE. (C) ENSEMBLE.

(A) QUATUOR.

RÉP: Où est il maintenant? mademoiselle! madame!

Allegro (♩=168)

EDWIGE.

SUZANNE.

Oui, je le vois là-bas,

Ne le voyez vous pas?

DEBORAH.

où donc?

WILLIAM.

où

PIANO.

Allegro.(♩=84)   FL. Cl.

ff Cordes.   Quat.

E.

ne le voyez vous pas?

S.

ne le voyez vous pas?

D.

où donc?   où donc?

W.

donc?   où donc?   Pte Fl. Hauth.   Fl. Cl.   où

p

Il est là sur le port avec tous ses a - mis.

où donc? Hélas! est-ce donc

donc? où donc?

Hautb.
Cl.

Cordes.

Bass.

sf

oui ses cou - pa - bles pro - jets, Il ne faut plus comp

ses pro - jets, Il ne faut plus comp

ses coupa - - bles pro - jets, Il ne faut plus comp

- jets, ses coupa - - bles pro - jets, Il ne faut plus comp

Fl.
Hautb.

Tutti.

Moderato. (♩=66)

lui, tout est fi - ni, tout est fi - ni!

(pres

lui, tout est fi - ni, tout est fi - ni!

(pres

lui, tout est fi - ni, tout est fi - ni!

(près

78

_ ment.

Ex_pliquez vous plus claire_ment.

Ex_pliquez vous plus claire_ment.

Car je cherche vai_ne_ment. Ex_pliquez vous plus claire_ment.

G. Fl.   P. Fl.   presset.

cresc. Tromb.

(♩=84.) WILLIAM (à Edwige d'un ton solennel.)

O jeu ne fille, écoute et reponds

Un peu moins vite.

Cl.
Cor.
Bass.

W.   moi,   A cœur ou _ vert   et sans ef _ froi.   Aimes-tu Robin _

All⁰   EDWIGE. Andante. (♩=72)

W.   _ son?   Qui moi! moi!   si je l'ai _ _ me, si je l'ai _ me, si je

Allegro.   Andante.

Harpe.

Harm.
Quat.

Quat.

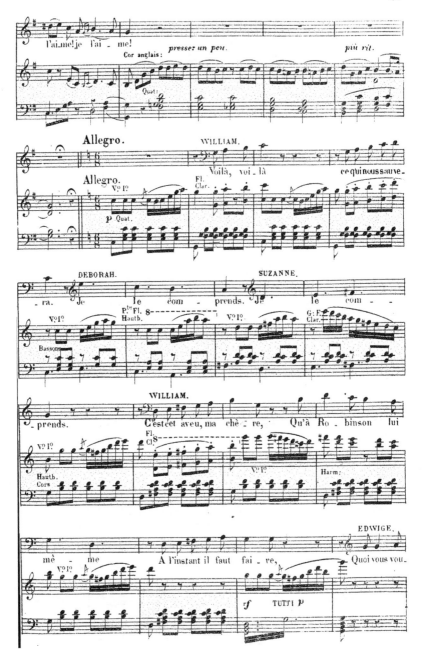

92

mence,   Quel bonheur!Pour nous plus de dou

mence,   quel bonheur!   Pour nous plus de dou

mence,   quel bonheur!   Pour nous plus de dou

mence,quel bonheur!   Pour nous plus de dou

_leur,L'espé _ ran_ce com_men_ce Quel bon_heur!

_leur,L'espé _ ran_ce com_men_ce,   Quel bon_heur!

_leur,L'espé _ ran_ce com_men_ce,   L'es_pé_

_leur,L'espé _ ran_ce com_men_ce,   L'es_pé_

99

100

Orchestre Complet.
Clar en Si ♭.
Cors en Sol.
Cors en La ♭.
Pistons en Si ♭.
Harpe.

N.º 5.

DUO.

REP = Qu'est ce que cela peut bien être.

All.º Mod.to

EDWIGE.

Appre-nez, mon cousin,

(A)

ROBINSON.

All.º Mod.to (♩=120)
Clar. solo.

PIANO.

p

Bas. solo.

Quat.
pizz.

E. Quel é _ tran _ ge des _ tin M'a conduite moi_

ROBINSON.   animez un peu.   EDWIGE.

E. mê_me à..... Parlez   parlez....   Sa_chez, puisqu'il

Clar.   Hautb.   Ob.

p   Bassons.
Quatuor.   V.elles

p

C. Bas.

E. faut__ tout vous di _ re, en un mot,   Sa _ chez,   sa_chez,

V.º 1.º
Fl.
Ob.

Quat.

Ob.

animé. ($\bullet$ = 138)

110

105

106

Puis-je croi_re à l'amour d'un cœur qui me dé _ lais _ _

_ra_cher de tes bras

_se? Hé_las l'in_grat ne m'aime pas, ne m'ai _ _ me pas.

Loin de blâ _ mer le trans _ port qui m'a _ ni _ me,

sè _ che tes pleurs, u _ nis tes vœux aux miens. t'en

ROB. Allegro. ($\bullet$.=92)

La _ve _ nir __ se dé_voi _ le; Il m'ap _ parait sou _dain; _ u _ne

brit _ lan _ te é_toi _ le me mon _ tre le __che_min! ô rê _ ves de jeu_

_nes _ se, vous ne pourriez men_tir. Hon_neur gloire et ri _ ches _ se,

Je vais vous con_qué _ rir __ rê _ ves de ma jeu _ nes _ se, vous ne pourriez men_

_tir, ah ré_fléchis et pen _ se à la douce e_xis_

114

118

chesse. Va, va___ tout con _ qué _ rir, a _ mi' parŝ

_chesse. Je vais___ vous con _ qué _ rir, Je vais je

Rit.

va___ tout con _ _ qué _ rir.

vais___ vous con _ _ qué _ rir.

Enchaînez avec le N.º 6.

N. 6.
(A) RONDO (B) PRIÈRE (C) FINAL.

car je me dois à ma fa _ mil _ le Dont je suis le sou _ tien, J'ai le cœur

d'une jeune fil _ le Qui compte sur le mien, Puis cet esquif est bien ché-

_ tif, un vent trop vif, quelque ré _ cif, c'est un mo _ tif fort déci _

Un peu animé.

_ sif qui rend pen _ sif et très craintif. Voi _ là comment, dans ce triste mo _

_ ment, Je crois vrai _ ment bien faire en m'abste _ nant, je crois bien faire en m'abste _

Tutti. cresc.

122

- nant, en m'abstenant complètement Cela dit tu peux en partant compter sur tout mon dévou -

cresc.

_ cen _ _ do _

ROB. Allegro. (♩=80)

- ment! Eh bien donc, à moi seul les dangers et la gloi - -

Hautb.
Bass.
Quat.

- rel A - dieu a - dieu tout ce que j'ai - - -

Cordes, trem.

Basses.

EDW.

- me Ils ne voudront pas croi - re que sans les embras -

- ser, que sans leur dire a - dieu leur enfant -

Tutti.

B.

Moderato. (♩=72) ROB: SUZANNE.   123

soit __par __ ti. monDieu!   Les voyez vous tous deux là se tenant la

Cors
Bass.

Quat. divisé.

$p > pp$

main à __ ge-noux à __ ge-noux près du li-vre saint Ô ma

ROB.

EDWIGE.

mè - re, ô mon pè - re! et pri-ant pour leur

(B) PRIÈRE. Lento. (♩=63)

fils.

DÉBORAH.

Sei - gneur que ses jours soient bé-nis, Gardez nous sa tendres - se

WILLIAMS.

Sei - gneur que ses jours soient bé-nis, Gardez nous sa tendres - se

Lento. dolciss.
Cl.

pp Bassons.

Nota. A l'Op:Comique on passe cette prière et on va de suite au signe ⊕ page 125: FINAL.

124

D. prótegez sa jeu_nes_se Con_ser_vez nous un fils con_ser_vez

W. protégez sa jeu_nes_se Con_ser_vez nous un fils_____ con_ser_vez

EDWIGE. à demi voix.
rit.
Seigneur que ses jourssoient bé_nis, protégez sa jeu_

SUZ. à demi voix.
D. nous_____ un fils Seigneur que ses jourssoient bé_nis, protégez sa jeu_

ROB. à demi voix.
Seigneur queleursjourssoient bé_nis, protégezleur vieil_

TOBY. à demi voix.
W. nous_____ un fils Seigneur que ses jourssoient bé_nis, protégez sa jeu_

Quat.
seul.
Cors
Cde Fl.
Cl.

E. _ nes_se vous voyez leur ten_dres_se, Con_ser_vez leur un

S. _ nes_se vous voyez leur ten_dres_se, Con_ser_vez leur un

R. _ les_se gardez moi leur ten_dres_se, Con_ser_vez leur un

\. _ nes_se vous voyez leur ten_dres_se, Con_ser_vez leur un

cresc.
Cors.

B. et

EDWIGE.

SUZANNE.

à l'a_ve_

R.

Edwige a_dieu,   Edwige adieu,   pense à l'ave_ nir   à l'a_ve_

TOBY.

à l'a_ve_

Tutti.

cresc.

E.

à l'a_ve_ _ nir_____ L'ave_ nir_____ se dé_

S.

_ nir   à l'a_ve_ _ nir_____ L'ave_ nir_____ se dé_

R.

_ nir   à l'a_vë_ _ nir_____ L'ave_ nir_____ se dé_

T.

_ nir   à l'a_ve_ _ _ nir_____ L'ave_ nir_____ se dé_

a tempo 1°

B.
tir, Honneurs gloire et ri _ ches _ se, al _ lons va tout conq

S.
_ tir, Honneurs gloire et ri _ ches _ se, al _ lons va tout conq

R.
_ tir, · Honneurs gloire et ri _ ches _ se, oui je vais les conq

T.
_ tir, Honneurs gloire et ri _ ches _ se, al _ lons va tout conq

Più Presto.

B.
_ rir, hon _ neurs gloire et ri _ chesse va, va tout con _ q

S.
_ rir, hon _ neurs gloire et ri _ chesse va, va tout con _ q

R.
_ rir, hon _ neurs gloire et ri _ chesse je vais tout con _ q

T.
_ rir, hon _ neurs gloire et ri _ chesse va, va tout con _ c

Più Presto.

f f

FIN DU IIIe ACTE.

ACTE II (1er TABLEAU)

N.º 7.

ENTR'ACTE SYMPHONIQUE.

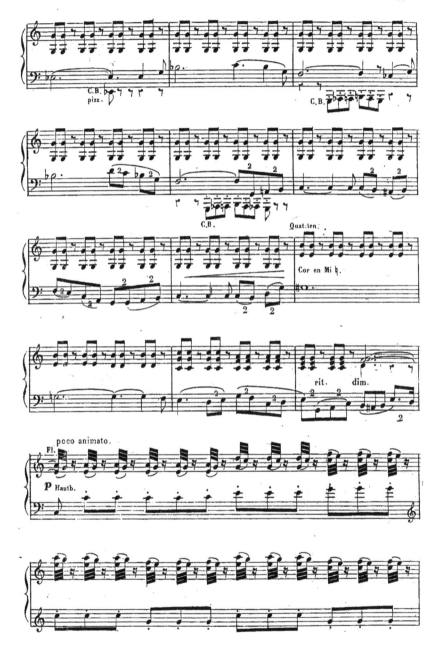

(théâtre représente la partie de l'île
Robinson appelait sa métairie.

Nº 8.

137

GRAND AIR de ROBINSON.

ROBINSON. Récit.

Au seul bruit de mes pas, Tout mon peuple en dé_rou_te!

Redouta_ble mo_narque, imposant souve_rain, A peine j'appa_rais au versant de la

route Et voilà mes su_jets_ qui s'envolent soudain, Oui voilà mes sujets qui s'envo_lent sou_

_mais il est perdu peut - ê - tre! Ceux que j'ai dé - so-

Quatuor seul.

Basvons Violons

_lés que sont-ils de _ ve_nus? Ed_

Obœ. Fl:

Clar:

Quatuor seul.

Bons V.lle

_wi - ge me croit mort, El _ le nem'ai_me plus!

Plus animé (♩=138)

Quatuor trem:

Et ces deux autres cœurs fa_ti_gués de com_

_bat _ tre, Bri _ sés par les cha_grins, Ont-ils ces_

B.

_sé fin de battre? Ah! s'il en est ain _ si, Je

n'ai plus de pa _ tri _ e, Et la fin de ma vi _ e Doit

s'é _ cou _ ler i _ ci. Ô ma chau _ miè _ _ _

_ re, ma chaumiè _ _ _ re, ô ma chau _ miè _ re, toit soli _

_ tai _ re, toit so_li _ tai _ re C'est là qu'il faut vivre et mou _ rir Ter _ re i_so_

tra_vail et gai _ té, n'est - ce pas_ le par_ta ge du

fier des_hé_ri _ té, n'est - ce pas le par_ta_ge du

fier des_hé _ ri _ té!

Pist :
3ᵉ Trombone.

Tutti

Tutti al fine.

N.° 9.

La CHANSON de VENDREDI.

Allegretto.($\quad$=104)

VENDREDI.

PIANO.

_re, tu frap_pes l'é _ cho

De ton chant de guer _

_re, le mien est plus beau.

Ce que ma voix chan _

st le grand Es _ prit

Dont la main puis _ san

Protège et bé _ nit,

le Dieu que le maître

Bassons.

dore à ge _ noux

Qui nous a fait naître

Sous le vent om _ bra _ _ ge Passe un co _ li _ bri,

passe un co _ li _ bri, Son joyeux ra_

ma _ _ ge, Cé_les_te lan_ga _ _ ge

Ber_ce Ven_dre _ di. Quand le so_leil do _ re Les fleurs à mi_

_di, Tout ce qu'il co_lo _ re, Ce qu'il fait é _ clo _ _ _ _

95.

re est pour Ven dre di. Ô main gé né

reu se, Ton pouvoir est grand, Mon âme est heu

reu se En le cé lé brant

Tama vo, mon frè

re, Tu frap pes l'é cho De ton chant de guer

v. _re, Le mien est plus beau.   Ce que ma voix chan _ _

v. _te, C'est le grand Es _ prit _   Dont la main puis _ san _ _ _

v. _te Protè _ ge et bé _ nit,   Le Dieu que le maître

v. _ a _ dore à ge _ noux, _   Qui nous a fait naître _

v. _ et veil _ le sur nous _   Ta _ ma _ yo, mon frè _ _ _

152

Orchestre Complet.
Clar en SI b.
Cors en MI b.
Cors en RE.
Pistons en SI b.
Timballes SOL-DO.

N? 10.
DUO.

153

REP: Vendredi voudrait bien
savoir, Dis-le moi.

155

168

« Vendredi pas bête »

Même mouvement. ROB.

Le soleil

Même mouvement.
Cor solo.

ritenuto.

Violoncelle.

fuit   L'om _ bre s'a _ van _ _ ce,

171

SORTIE de VENDREDI et de ROBINSON.

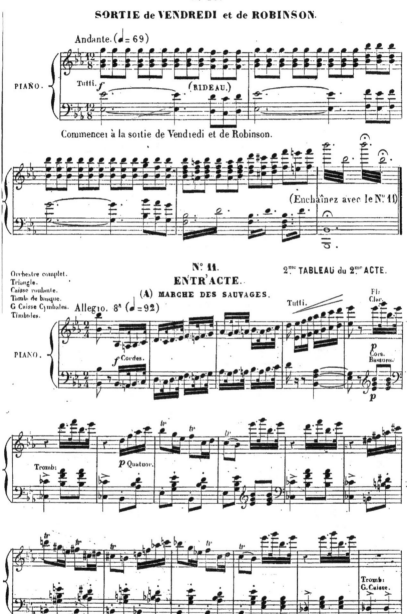

176

(Enchaînez)

Un coin de l'île, au milieu des rochers. Il est nuit. Les sauvages ont allumé des feux autour desquels ils sont groupés.

_ ré

_ ré

J'ôte a _ vec soin les é _ cu _ mes quand le sel les fait mon _

_ ter, Je plonge a _ lors mes lé _ gu _ mes et je lais _ se mi _ jo _

Il le lais _ se mi _ jo _ ter, Il le laisse mi _ jo _

Il le lais _ se mi _ jo _ ter, Il le laisse mi _ jo _

_ ter, oui je laisse mi _ jo _ ter,

188

Orchestre complet.
Clar: en Si bémol.
2 Cors en Sol.
2 Cors en Fa.
Pist: en La.
Timb: Do-Fa.

N.º 15.

DUO.

RÉP: Je vais allumer la braise.

SUZANNE.

TOBY.

PIANO.

Allegretto.

Allegretto. (♩=76.)

Obné.

p

Bass:

O mon To_by, Mou doux a _ mi!

TOBY.

Ma Su_zan_ne, Trésor ché_

SUZ: TOBY. SUZ._

_ri, Su_zan_ne! To_by! Trésor ché _ri, Su_zanne, To_

Andantino. (♩=56.)

_by! Su_zanne! La mort ap_proche Mais bravons-la, La

rit.

rit.

Ob:Cl:Cor.

And.º Quat:

✛ Au théâtre ce Duo commence ici: *voir le supplément.*

S. mê _ me broche Nous u _ ni _ ra! La mort ap_proche Mais

T. mê _ me broche Nous u _ ni _ ra! La mort ap_proche Mais

S. bra _ vons - la, La mê _ me broche Nous u _ ni _ ra!

T. bra _ vons - la, La mê _ me broche Nous u _ ni _ ra!

Un peu animé.

O _ se t-il bien le bon a _ pô _ tre Nous pro_po_ser ce

Un peu animé.

Cl:

Quat:seul.

Bass:

TOBY. Più animato.

choix af _freux! Comme si l'un de nous pou _ vait survivre à

Cordes

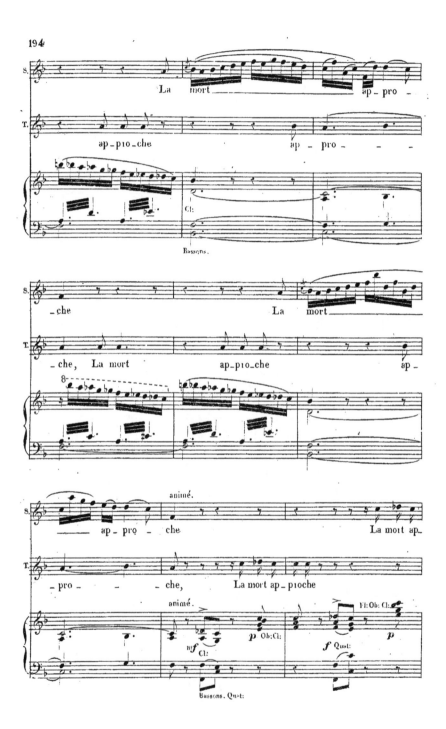

200

La mê_me mê_me broche nous u _ ni _ ra, nous u _ ni _

La mê_me mê_me broche nous u _ ni _ ra, nous u _ ni _

_ra!

_ra! Pour u _ ne pau _ vre fois te _

_nez Qu'on de _ man _ de un ser _ vi _ ce, Voi

_là com _ ment vous en _ ten _ dez Mor _

S. Ne comp_tez plus sur moi, mon cher, Ne comptez plus sur moi, mon

T. Ni vous sur moi, car j'y vois clair Ni vous sur moi, car j'y vois

S. chér Ah! ah vo_yez vo_yez

T. clair _Ah!

S. la bonne âme Elle est su_blime et _ le ré_clame et le cha_grin et

S. la douleur, Ah le bon cœur, ah le bon cœur!

T. Vous pensiez me prendre pour dupe On

N.º 15bis

MÉLODRAME.

Flutes.
Oboes:
Clar:
Cors en SOL.
Cors en UT.
Bassons.
Pistons en LA.
Tromb:
Timbales.
G:C: Cymb:
Quatuor.
Harpe.

N° 14.

FINAL.

A. CHŒUR DANSÉ B. SCÈNE C VALSE CHANTÉE.

All°. maestoso. (σ = 96)

ELWIGE.

SUZANNE.

VENDREDI.

TOBY.

JIM COKES.

SOPRANI.

TÉNORS

BASSES

PIANO.

5

A. CHŒUR DANSÉ.

220

B. SCÈNE.
JIM CROES.

Femmes amenez la belle fian_cé_e de Sa_ranha le plus puissant des

Moderato. ($\bullet$ = 72)

dieux

Beaucoup moins vite.

Lento. ($\bullet$ = 60)   VEND.

Oh la femme blanche bien bel _ le, bien

⊕ Au Théâtre on passe au signe ⊕ de la page 236 Voir le supplément.

cés par les flots La bii _ _ se fi _ dè _ _ le i _

_ra vers la pla _ _ ge Por _ tez vos chan

sons Joy _ eux mate _ lots Cl: chan _ tez chan_

tez chan _ tez ma _ te lots

VEND:

En: la vo _ yant la douce

PP Le

PP Le

Fl:

PP Le Cordes.

Dieu

p

228

236

238

240

_ clame Sa_ra_nha nous ré_clame

_ clame Sa_ra_nha la ré_clame

_ clame Sa_ra_nha nous ré_clame

_ clame Sa_ra_nha te ré_clame

_ clame Sa_ra_nha te ré_clame

_ clame Sa_ra_nha te ré_clame

_ clame Sa_ra_nha te ré_clame

ou - bien fais . moi mou _ rir! Animez.

Tutti.

serrez de plus en plus.

Cordes seules.

(On parle.)

All°.

Tutti.

Fin du 2ᵈ Acte.

Orchestre complet.
Cors en Ut.
Cors en Ut.
Triangle.
Timbales.
Quatuor.

ACTE III.

N.º 15.

ENTR'ACTE.

(1.er TABLEAU.)

15.

And.^{te} moderato.

(Enchainez avec le N° 16.)

Orchestre complet.
Clar: en Fa.
Cors en La.
Quat: sourdines.
1 V^{lle}. solo sans sourdine.

253

N°. 16.

BERCEUSE.

Le théâtre représente l'intérieur de la grotte de Robinson.

VENDREDI.

And^{no} quasi Allegretto.

Beau_

PIANO.

And^{no} quasi Allegretto. ($\bullet = 84$.)   Oboë.

Cordes pizz.   V^{lle} Solo.   Quat: sourdines.

Viol:

é qui viens des   cieux,   Blanche merveille   m_

Cors.

rit.   poco rit.   Un peu animé.

_ bre cou_vre tes   yeux,   Ah! je   veil_le Sur tes jours préci _eux.

suivez.   poco rit.   f

Je sens à ta vue Mon â_me é _ mue, Bonheur nou _ veau pour moi,

Ton souf_fle m'en _ i _ vre Je voudrais vivre Et mourir près de

a tempo.

toi! Beau _ té qui viens des cieux, Blan_che mer_

_ veille, En paix som _ meil _ le L'om_bre cou_vre tes yeux___ Ah! je

256

258

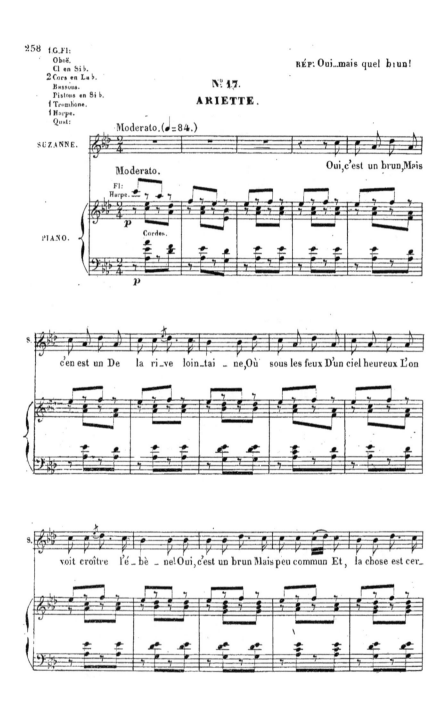

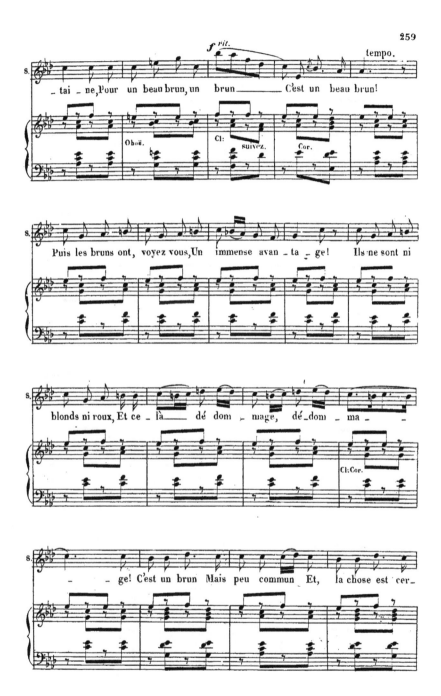

Orchestre complet.
Cors en Fa.
Cors en Ut.
Pistons en Si b.
Timbales.
Quatuor.

RÉP: La femme dont tu as gar-
dé le souvenir était plus belle.

N.º 18.

TRIO – SEXTUOR.

ROB: VEND: ROB:

Cel _ le que j'adorais,   C'est el_le!   C'est el_le!   c'est

Andantino. (♩=63.)

V.

Oh! maî_tre at_tends   Ah!

R.

el · _ le,   Ed_wi _ ge!

Andantino.

2° Oboe   v^lle Soli.

ROB:

V:

soyons prudents.   Ed _ wi _ ge!

Altos.   2° v°   1° v°

p

à demi voix.

R.

A _ me de mon à _ me, C'est moi,   chè_re fem _ me, Re _ viens____ à

pp 2 G.Fl. Cl:

Quat: unis.

toi, le dan_ger s'est en_fui___ Ce_lui qui t'a_do_re, ce_

lui qui t'im_plo_re, C'est Ro_bin_son ton é_poux, ton a_

mi ___ C'est___ Robin_son ton é_poux, ton é_poux ton a_mi

VEND: Vois, el_le s'é_veil_le
(s'arrètant très_ému)
EDW: La dou_ce voix ___ Qui

Ah! soy_ons pru_dents!

me disait: je t'ai _ me, La voix _____ qu

_dis _____ a re _ ten _ ti _____ C'est bien la m

rit.

Suis _ je, . Seigneur dans votre pa _ ra _ dis ? _____

rit.

quat.
finis.

ROB: EDW: RO

Je n'o _ se m'ap _ pro _ cher   Quelle est cette de _ meu _ re ?   I

Robinson,
Debout! c'est au-jour d'hui di-man-che, Nous a-vons as-sez sommeil-
Même mouv!

)5.

Nº 19.
ROMANCE.

Andante.

1ʳᵉ STROPHE.

EDWIGE.

Je veux partir bénissez

PIANO.

moi À mon amour restant fidèle Je veux par-

-tir oui j'ai la foi Il souffre il pleure il nous ap-

Au Théâtre on passa cette romance.

Et dans vos bras il nous ra_mè_ne_ra Et dans vos bras et

dans vos bras il le ra_mè_ne_ra

rit.

suivez.

2de STROPHE.

Eh bien va donc mais en par_tant Prends ce bai_ser m'a dit ta

me _ re Va le por _ ter   à notre en _ fant   Qu'il soit par-

_don _ né sur la ter _ _ _ re   Un   Dieu clé_ment vers

lui te gui_de_ra   Et   sur nos cœurs il vous ra_mè_ne_ra   Et

rit.

sur nos cœurs et   sur nos cœurs   Il   vous ra_mè _ ne_ra

Orchestre Complet.
Clar en LA.
2 Cors en MI.
2 Cors en LA.
Pistons en LA.
Trombones.
Timbales.
Quatuor.

N° 20.

COUPLETS.

N.º 21.
QUATUOR.

REP: Écoute, Soutenez-moi.

287

_tour . Je t'appren_ne com_me il faut voir l'a_mour

_tour En m'ap_pre_nant com_me On comprend l'a_mour

_tour Je t'appren_ne com_me il faut voir l'a_mour

Je dis, je l'a_vou_e Qu'on l'est ma_la_droit Quand

on a la jou_e D'embras_ser le doigt. J'ai_me un doux sou_ri_re, Mais

je ne crois pas Qu'un bai_ser soit pi_re et man_que d'ap_pas. Le

sou_verain maî_tre Qui fit tout au mieux Nous cré_a pour

ê_tre Cent fois a_mou_reux! Un jour c'est par l'â_me, De_

main par les yeux, U_ne seu_le fem_me Ca

Fin du 1.er Tableau.

Le bord de la mer. Au fond un
roc escarpé au pied duquel est
une chaloupe gardée par quel_
_ques matelots.

N° 22.
MÉLODRAME.

2ᵉ TABLEAU du 3ᵉ ACTE.)

295

Rép = Oh! yo!yo! Ca qu'est l'amour.

96

Orchestre complet.
Cor en UT.
Cors en SOL.
Cors en MI.
Pistons en LA.
Caisse roulante.
Timballes.
Triangle.G.Caisse et Cymbales.

CHOEUR de MATELOTS.

Ou_bli_ons la ri_ches_se _____ que nous pensions sai_sir _____

Ou_bli_ons la ri_ches_se _____ que nous pensions sai_sir _____

Ou_bli_ons la ri_ches_se _____ que nous pensions sai_sir _____

Cette ingra_te maî_tres_se ne vaut pas nos re_grets _____

Cette ingra_te maî_tres_se ne vaut pas nos re_grets _____

Cette ingra_te maî_tres_se ne vaut pas nos re_grets _____

no_yons nous dans l'i_vres_se et nous verrons a_piès!

no_yons nous dans l'i_vres_se et nous verrons a_près!

no_yons nous dans l'i_vres_se et nous verrons a_près!

rit.

Allo tempo 1o.

rit.

tutti.

Tempo 1o.

304

Orchestre complet.
Clar en UT.
Cors. en SOL.
Cors en MI.
Pistons en LA.
Caisse roulante.
Timbalies.
Triangle G. Caisse et Cymbales.

N.º 24.

FINAL.

A. CHANT DES TAMAYOS B. CHŒUR FINAL.

REP: et maintenant
à leurs armes.

EDWIGE.

SUZANNE.

VENDREDI.

ROBINSON.

TOBY.

FKM COKES.

ATKINS.

CHŒUR DES SAUVAGES.

CHŒUR DES MATELOTS.

Allegro.

ƒ Tutti.

05.

guer _ re le mien est plus beau.   Le maître est li _ bre,   à lui le grand na _

_ geurs   des a _ mis!

_ geurs   des a _ mis!

_ geurs   des a _ mis!

_ guerre frère   Ta _ ma _ yo

_ vi _ re   Ven _ dre _

Ah! cher en _ fant,   je t'aime et je t'ad _ mi _ re

_ di   na _ ger jusqu'au vais _ seau   Plus peur du feu   plus peur de

314

318

-gerMais très pres.sés de les man - ger,Oui très pres .sés de les man -

ROB. aux matelots.

-ger!   J'ai vé.cu seul i -

Pi - tié pour nous, Pi - tié pour nous!

Pi - tié pour nous, Pi - tié pour nous!

CHŒUR des RÉVOLTÉS.

-ci, vous y vivrez bien tous,   Je me suis dé.fen .du, pardieu, défen.dez-

G.de Fl. Ob.

(a ses amis) montrant la mer.

vous!   La voy.ez.vous là - bas, La pa.trie a.do.ré. e Vers

f Quatuor.

Bons

EDW.

à ter_re sa_

vers   la ter_re sa_

cré_e Dieu gui_de _ ra   nos   pas.   Partons amis

cré_e Dieu gui_de _ ra   nos   pas.   Partons amis

cré_e Dieu gui_de _ ra   nos   pas.   Partons amis

cré_e Dieu gui_de _ ra   nos   pas.   Partons amis

cré_e Dieu gui_de _ ra   nos   pas.   Partons amis

cré_e Dieu gui_de _ ra   nos   pas.   Partons amis

grâ _ ce

cré_e Dieu gui_de _ ra   nos   pas   Partons amis

Partons amis

Partons amis

grà _ ce

grâ _ ce

Maestoso.

ff

FIN

ff

Imp. Thierry frères, Cité Bergère, 4, Paris.

SUPPLÉMENT

N.º 1 INTRODUCTION

I.º *COUPURE*. (ad libitum.)

On peut passer de la 11.me mesure page 27   à la 1.re mesure de la page
commençant ainsi:

Car tout voir c'est tout conqué _ ir   Cette terminaison est dans les parties d'orchestre.

Or ça monsieu:

II.º COUPURE De la page 40 à la page 46, elle est indiquée dans la partitic
des signes et une note au bas de la page 40.

N.º 2 RONDE.

On trouvera dans les parties d'Orchestre, à la fin de ce N.º une Ritournelle diffé

la terminaison se
fait sur la 1re me-
sure de la page 112
en supprimant 1
ligne et 2 pages.

Orchestre.

N.° 6 FINAL DU 1er ACTE.

COUPURE de la prière, indiquée au bas de la page 123.

FIN DU 1er ACTE.

2me ACTE.

N.° 7 ENTR'ACTE.

COUPURE (ad libitum) qu'on trouvera faite dans
les parties d'Orchestre et qui dans la partition va de
la 12me mesure page 131 à la 3me. mesure de
la page 135 au moyen de cette mesure ajoutée
pour arriver au fortissimo.

N.° 8 GRAND AIR.

On fait aussi (ad libitum) une COUPURE dans la ritournelle de ce morceau en
passant les neuf premières mesures à quatre temps qui la commencent et en enchaî-
nant l'entr'acte avec le mouvement à deux quatre de cette ritournelle = Dans ce cas,
on lèvera le Rideau 9 mesures avant la fin de l'entr'acte. On trouvera d'ailleurs, ces
divers changements, nécessités par la longueur du spectacle, indiqués très exactement
dans toutes les parties d'Orchestre.

la partition; elles sont *nécessaires*, voici ces 6 mesures:

etc

Un peu plus loin page 202 on supprime quatre mesures; cette suppression est indi
quée au bas de la page ce sont les 4 dernières mesures du $\frac{3}{8}$.

N.º 14 FINAL DU 2.ⁿᵉ ACTE.

page 221

Ici on fait au théâtre de l'Opéra-Comique, une *GRANDE COUPURE* qui part de
la dernière mesure de la page 221 pour aboutir à la première mesure de la page 230
Cette coupure a lieu au moyen de l'adjonction des mesures qui suivent:

VENDREDI.

servir l'adorer à genoux.

CHŒUR. Dernière mesure
de la page 221.

Heureus

Allegro.

Heureus

suivez.

FIN DU SUPPLÉMENT.

(suivez jusqu'à la fin.